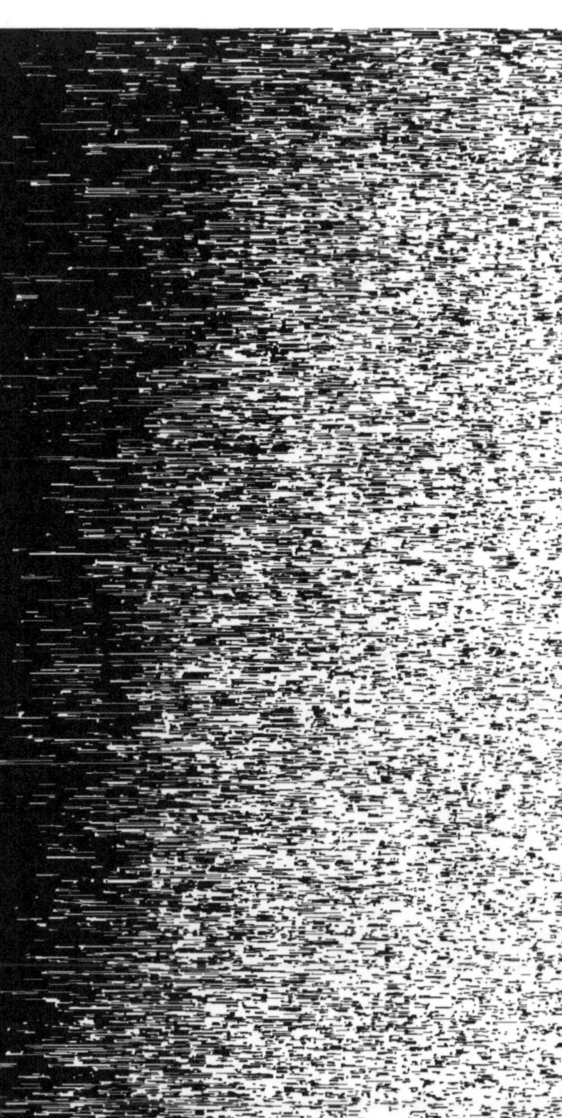

AF224252

NOTICE BIOGRAPHIQUE

SUR

G. DE PIXERÉCOURT

HOMMAGE

A MM. les Membres de la Société d'Emulation du département des Vosges,

PAR CHARLES HEQUET,

Membre de la Société d'Emulation des Vosges, de l'Académie impériale de
Reims, de la Conférence littéraire de Nancy, de la Société
d'Archéologie lorraine, et des Sociétés académiques
de Châlons-sur-Marne et de Verdun.

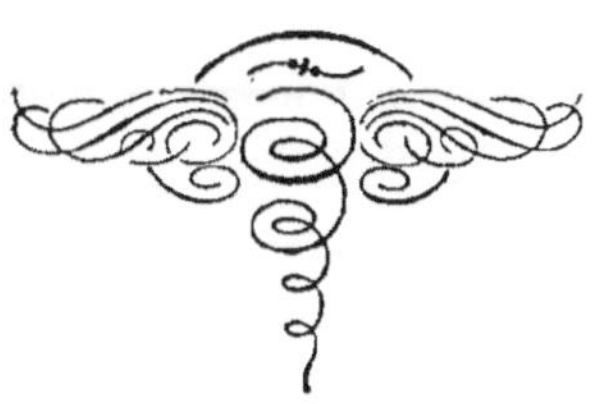

VITRY-LE-FRANÇOIS

Typographie de F.-V. BITSCH, grande rue de Vaux, 23.

1865

NOTICE

SUR

G. DE PIXERÉCOURT

————◦————

HOMMAGE

*A Messieurs les Membres de la Société d'Emulation
du département des Vosges.*

————

Messieurs,

Admis, par vos bienveillants suffrages, à faire partie
de la Société d'Emulation, souffrez que je vous remercie
de cette distinction aussi flatteuse qu'honorable, et per-
mettez-moi de joindre à l'expression sincère, mais tardive,
de ma vive reconnaissance, l'hommage d'une Notice con-
sacrée à la mémoire de M. Guilbert de Pixerécourt,
le dramaturge fécond et distingué, que ses œuvres nom-
breuses, et pendant si longtemps populaires, ont fait
surnommer le *Shaskspeare*, ou *Corneille du boulevard*.

Puisse cette esquisse rapide, en faveur de laquelle je
sollicite d'avance toute votre indulgence, captiver un
moment votre attention, et puissiez-vous, Messieurs,
approuver la pensée que j'ai eue de retracer la vie, si
bien remplie, d'un homme dont le nom peut figurer

dignement à côté des illustrations que notre vieille Lorraine s'énorgueillit d'avoir produites.

René-Charles GUILBERT DE PIXERÉCOURT, né à Nancy, en 1773, appartenait à une famille originaire de la Lorraine, ennoblie par le duc Léopold (1). Son aïeul paternel, Charles-François Guilbert, seigneur de Pixerécourt, avait été conseiller intime de S. A. R. le prince Charles de Lorraine, et son oncle paternel, René Guilbert, docteur en théologie et curé de la paroisse Saint-Sébastien de Nancy, ecclésiastique distingué par son savoir et par ses vertus, avait rempli pendant plusieurs années les fonctions d'aumônier de S. M. le roi de Pologne Stanislas.

D'une complexion très délicate, le jeune de Pixerécourt fut, dès l'âge de trois mois, confié aux soins d'une bonne paysanne qui habitait Pompey, vieux bourg d'origine romaine, situé « dans une vallée délicieuse, sur les » bords de la Moselle » et sur la rive gauche de cette rivière.

Des soins vigilants, l'eau vivifiante de la Moselle et l'air pur de la campagne lui rendirent une existence nouvelle et vigoureuse ; il avait quatre ans quand on le ramena à Nancy, où son père, ancien capitaine-major au régiment de Royal-Roussillon, voulut se charger de son éducation. D'une sévérité inflexible, habitué au commandement et à l'obéissance passive, ignorant la douceur et

---

(1) La famille de Pixerécourt a eu pour auteur Georges Guilbert, conseiller auditeur, maître des Comptes de Lorraine, seigneur de Saint-René-aux-Bois, lequel fut ennobli par Lettres de Léopold Iᵉʳ, duc de Lorraine et de Bar, données à Lunéville, le 10 juin 1712, et registrées à la Cour des Comptes de Lorraine, le 20 juillet de la même année.

La famille de Pixerécourt portait : d'azur, à la couronne de laurier d'or, au chef d'argent, chargé de trois étoiles du champ. (Voy. *Dictionnaire des Maisons nobles de France.)*

ne connaissant d'autre persuasion que les châtiments,. M. de Pixerécourt s'acquitta de cette tâche avec autant d'énergie que s'il avait eu encore à former une classe de recrues. Cette éducation rigoureuse, presque brutale, exerça une influence notable sur l'avenir de notre compatriote, et laissa dans son esprit les germes de cette fermeté de caractère et de cette constance opiniâtre dont il donna tant de preuves pendant le cours de sa laborieuse carrière.

Après avoir appris à lire et à écrire chez les Frères des Ecoles chrétiennes, M. de Pixerécourt fut placé au collége de sa ville natale, alors dirigé par des chanoines réguliers, religieux généralement instruits, mais très exigeants. Ses progrès furent si rapides, qu'à l'âge de douze ans, il remporta, en rhétorique, quatre prix, entre autres celui d'excellence, ce qui lui valut l'honneur de prononcer, le jour de la distribution générale, en présence des notabilités de la ville, le discours d'usage en cette solennité. Encore souffrant d'une maladie qui avait mis sa vie en danger et pouvant à peine marcher, le jeune lauréat voulut néanmoins traverser toute la ville à pied, chargé de ses quatre couronnes et suivi par le domestique porteur des trente volumes qu'il venait de recevoir. — Cette journée heureuse, M. de Pixerécourt ne se la rappelait jamais sans éprouver une émotion bien naturelle, à laquelle se mêlait pourtant un souvenir pénible que le temps ne put jamais effacer. La sévérité de son père à son égard était si grande, qu'il n'en obtint ni un sourire, ni même une seule parole d'encouragement. « En rentrant à la maison, écrivait cinquante ans plus tard notre compatriote, je courus à la rencontre de mon père, et je déposai devant lui tous mes prix. J'étais dans l'enthousiasme. C'est bien, me dit-il d'un ton froid, vous avez fait votre devoir. Je n'en eus pas même un baiser pour récompense. »

En 1788 et 1789, M. de Pixerécourt étudia la philosophie sous la direction du père Zens, savant tiercelin, « dans une douce intimité avec son camarade Haxo, devenu depuis lieutenant général du génie et l'un des ingénieurs militaires les plus distingués de notre époque. » Destiné, par sa famille, à la carrière du barreau, M. de Pixerécourt suivit pendant deux ans les cours de droit à la Faculté de Nancy.

Notre compatriote venait d'accomplir sa 17e année, lorsqu'un mouvement séditieux éclata à Nancy, qui était restée, jusque-là, une des villes les plus paisibles du royaume. On connaît les détails et le dénouement de cette malheureuse affaire dans laquelle s'illustrèrent le jeune Des Iles, officier au régiment du roi, et M. Hœner, fils d'un imprimeur de cette ville. Le 31 août, M. de Bouillé, lieutenant général et commandant à Metz, ayant inutilement sommé les rebelles de se rendre à discrétion, s'avança à la tête de 3,000 hommes d'infanterie et de 1,400 hommes de cavalerie. Après un commencement de résistance, la garnison révoltée mit bas les armes, et le général se rendit assez facilement maître de la place.

Dans la soirée de ce jour, la famille de Pixerécourt courut les plus grands dangers : un coup de fusil, tiré on ne sait par qui, d'une fenêtre de la maison qu'elle occupait, au moment où l'armée traversait la ville pour

aller se ranger en bataille sur la place Royale (aujour-
d'hui Stanislas), excita la colère des soldats ; la maison
fut aussitôt cernée, une pièce de canon fut même braquée
sur la porte cochère, et c'en était fait des habitants de
la maison où demeuraient deux conseillers au Parlement
et un membre de l'Assemblée nationale, si toutes ces
personnes réunies ne s'étaient immédiatement présentées
à M. de Bouillé pour lui demander grâce d'un attentat
auquel elles n'avaient pas participé ; le général voulut
bien leur accorder une sauvegarde pour tout le temps
que l'armée occuperait la ville.

La fermentation des esprits ne tarda pas à devenir
universelle ; les évènements se succédaient avec rapidité,
et chaque jour l'horizon politique s'assombrissait davan-
tage. Avertis par les meurtres de Flesselles et de de
Launay, les princes, frères du roi, s'enfuirent à l'étranger
chercher un abri qu'ils n'espéraient plus trouver en
France. Leur exemple fut imité par presque toute la noblesse et bientôt l'émigration fut générale parmi les par-
tisans de l'ancien régime.

Sincèrement dévoué à la cause des Bourbons, M. de
Pixerécourt père exigea que son fils allât grossir les rangs
des émigrés, qui venaient de former, à Coblentz, la
Légion dite *de Condé,* et lui défendit expressément de
rentrer en France avant la fin de la crise qu'il croyait,
toutefois, devoir être de courte durée.

Malgré l'aversion que lui inspiraient les doctrines révo-
lutionnaires, M. de Pixerécourt ne se soumit qu'à regret
à la décision paternelle. Il partit en septembre 1791,
traversa successivement Luxembourg, Trèves, Cocheim,

et s'arrêta à Coblentz, où se trouvaient les princes avec l'élite de la noblesse émigrée. De cette ville, il fut dirigé sur le cantonnement d'Erntz, petit village sur la rive gauche de la Moselle, à une lieue de Cocheim, où on le réunit à une quinzaine de nobles Angevins, « braves gens fort inoffensifs, tous bons vivants, aimant peu la guerre et très joyeux compagnons, » qui, dès le premier jour, lui confièrent le soin de pourvoir aux besoins de la petite colonie, en sorte que pendant tout le temps qu'il vécut avec eux, notre compatriote fut l'homme nécessaire, indispensable, et comme il prenait plaisir à le raconter lui-même, le *Michel-Morin* de cette aimable société.

Huit mois s'écoulèrent ainsi au bout desquels M. de Pixérécourt reçut l'ordre de rejoindre l'armée des Ardennes, qui allait se mettre en campagne. La petite armée, composée d'environ quatre mille hommes, ayant six pièces de canon, s'arrêta à Pruine, à Stavelot et à Malmedy ; se concentra à Huy, où elle resta six semaines, puis se replia sur Marche-en-Famine, et entra ensuite en cantonnement au château d'Andoy, près de Namur. C'est dans cette résidence que M. de Pixérécourt eut l'honneur d'être présenté au duc de Bourbon, ainsi qu'au duc d'Enghien, son fils, qui lui permirent de revenir en France pour voir sa famille.

M. de Pixérécourt, déguisé en mendiant, repassa la frontière au milieu d'un bataillon de volontaires qui rentrait en France. Dans cet accoutrement, il arriva à Pont-à-Mousson, où il entra dans une auberge pour y prendre quelque nourriture ; méfiant comme beaucoup de gens de son métier, à une époque où, en dépit des décrets de l'Assemblée nationale, les émigrations n'avaient pas cessé, le maître du logis le reçut en grommelant, et après l'avoir toisé de la tête aux pieds d'une façon peu rassurante, il lui tourna le dos en faisant entendre des menaces contre les suspects et les émigrés. Craignant une dénonciation de la part de cet homme, M. de Pixerécourt s'enfuit en toute hâte ; il était tout au plus à deux kilomètres de la ville, lorsqu'il entendit, derrière lui, le galop de plusieurs chevaux ; ses pressentiments ne l'avaient pas trompé : avertis par l'aubergiste, les gendarmes étaient à sa poursuite. Sans perdre une seconde, il se coucha à plat ventre dans la berge humide, et bien lui en prit, car les cavaliers passèrent près de lui à bride abattue, et le frôlèrent presque en revenant au bout de quelques minutes, manifestant à haute voix leur étonnement de ne pas l'avoir rattrapé. Dès qu'ils furent disparus, M. de Pixerécourt continua sa route, et arriva à Nancy, où sa mère eut peine à le reconnaître sous ses haillons couverts de boue : son père s'était caché à Contrexéville. De Nancy, il se rendit à Nomexy, près Châtel, dont le maire, qui était un de ses parents, lui procura un passe-port muni duquel il partit pour Paris, où il espérait trouver un emploi. Il descendit chez un de ses amis, nommé Michel, qui consentit à partager avec lui la modeste mansarde qu'il occupait rue de Bouloi.

Voilà donc notre compatriote à Paris, réduit à habiter un grenier, et exposé peut-être à payer de sa tête le crime d'avoir obéi à l'autorité paternelle en quittant la France à l'âge de dix-sept ans. Seul, sans ressources et sans protection, à cent lieues de sa famille qui ne pouvait rien pour lui, l'imagination frappée des exécutions qui chaque jour ensanglantaient la capitale, il s'attendait à tout moment à être arrêté. Dans cette fâcheuse disposition d'esprit, il avait fait des *Nuits d'Young* et des *Méditations d'Harvey*, son unique sujet de distractions, lorsque le hasard fit tomber entre ses mains les *Nouvelles de Florian*, qui venaient de paraître, et obtenaient un grand succès.

La lecture de cet ouvrage l'intéressa vivement, et l'impression qu'elle fit sur lui détermina sa vocation pour la carrière dramatique. *Selico*, surtout, lui plut infiniment, et lui donna l'idée d'en faire un drame. Il se mit aussitôt au travail, et une semaine lui suffit pour composer une pièce en quatre actes, intitulée : *Selico* ou les *Nègres généreux*, qu'il s'empressa de soumettre au jugement du directeur du Théâtre du Marais, qui était alors Baptiste, devenu depuis acteur fort distingué du Théâtre Français. Séance tenante, Baptiste prit connaissance de l'œuvre de notre compatriote, et lui indiqua certains changements indispensables après lesquels il lui garantissait la réception de sa pièce, puis il le congédia en lui donnant quelques conseils qui devaient le guider dans la carrière où il débutait.

M. de Pixerécourt, qui avait compté sur un meilleur accueil, s'en retournait médiocrement satisfait des avis qu'il venait de recevoir, lorsqu'en passant devant le Théâtre Molière, la pensée lui vint de tenter une nouvelle épreuve. Fortifié par le demi-suffrage de Baptiste, il demande à parler au directeur, M. Villeneuve, et lui présente son manuscrit avec assurance ; frappé de la physionomie intelligente de notre compatriote, M. Villeneuve accepte le manuscrit, promet de l'examiner et engage l'auteur à revenir le lendemain.

M. de Pixerécourt n'eut garde de manquer au rendez-vous. M. Villeneuve le reçut avec bonté et lui annonça qu'il était tout disposé à soumettre son drame à l'élite de sa troupe réunie à cet effet. Aussitôt commence la lecture de la pièce, lecture à chaque instant interrompue par des murmures flatteurs et dont le dénouement est accueilli par des applaudissements unanimes qui durent résonner bien agréablement aux oreilles du jeune débutant. Après avoir cordialement félicité l'auteur, M. Villeneuve, enchanté, lui offrit d'acquérir la propriété de son œuvre moyennant vingt-cinq louis, que M. de Pixerécourt s'empressa d'accepter et qui lui furent immédiatement comptés.

Rentré dans sa mansarde, M. de Pixerécourt se mit de nouveau au travail, et en moins de trente-six heures, il composa, d'après une nouvelle de Florian, une comédie en un acte, mêlé d'ariettes, intitulée *Claudine* ou l'*Anglais vertueux*, qui fut reçue au Théâtre Favart le 16 janvier 1793.

Enthousiasmé par ses succès, notre compatriote résolut de se lancer définitivement dans la carrière dramatique; il en était là de ses projets quand des intérêts majeurs le rappelèrent en Lorraine, où il venait d'être atteint par la réquisition. Il quitta Paris le 21 janvier, jour de la mort du roi, et à son arrivée à Nancy, il dut songer à se pourvoir d'un certificat de résidence à l'aide duquel il s'enrôla dans le 11e régiment de cavalerie qui tenait garnison dans sa ville natale. Grâce aux leçons d'équitation et d'escrime que son père lui avait données, son instruction militaire ne fut pas longue, et il se trouva bientôt en état de pouvoir diriger une classe de recrues.

Dans le but, sans doute, de faire preuve de civisme, si nécessaire à cette époque où tout paraissait suspect, M. de Pixerécourt fréquentait assiduement les clubs et les sociétés populaires. Indigné des paroles infâmes que proférait, dans une de ces assemblées tumultueuses, un certain Marat Mauger (1), il eut un instant la pensée de suivre le misérable et de lui brûler la cervelle. Cette tentation, ou plutôt cette boutade, pardonnable chez un jeune homme de 18 ans, ne reçut, on le suppose bien, aucune exécution ; toutefois, elle lui fournit le sujet d'une pièce en un acte, qu'il intitula : *le Jacobin en mission*, dans laquelle, avec plus de courage que de prudence, il persifflait la conduite et les actes du fougueux proconsul, et le signalait au mépris de tous les honnêtes gens. Il poussa même la témérité jusqu'à demander au Comité de surveillance l'autorisation de faire jouer cette pièce. Pour toute réponse, le Comité ordonna l'incarcération de l'auteur ;

---

(1) Toutes les autorités administratives et judiciaires du département de la Meurthe avaient été organisées par le Comité de surveillance générale qui gouvernait alors, et rien n'avait annoncé qu'un changement dût avoir lieu. Tout à coup, un être inconnu, qui s'est fait appeler Marat Mauger, sans produire aucun titre, déclare qu'il est envoyé pour réorganiser les administrations qui étaient en activité ; il dépose, en effet, et remplace tous les fonctionnaires qu'il juge indignes de sa confiance. Accueilli comme un libérateur par tout ce qu'il y a de plus vil, de plus corrompu ou de plus lâche dans la population, il règne en despote et jouit, pendant quinze jours, au milieu des orgies et des bacchanales les plus infâmes, de l'autorité qu'il s'est attribuée, jusqu'à ce que le Gouvernement, informé, le fait arrêter et écrouer dans une prison où il est mort des suites de ses débauches. (Voy. *Fragments historiques sur la suppression et le rétablissement de la Société des sciences de Nancy, fondée par Stanislas ; par M. de Haldat*)

mais lorsqu'on vint pour l'arrêter, et pendant que les gendarmes mettaient pied à terre dans la cour de la maison
de son père, où il s'était réfugié, il réussit à s'échapper.

Heureusement pour le jeune imprudent, il avait, dès
la veille, obtenu de son colonel un congé de réforme, *pour
se retirer où bon lui semblerait, ayant été reconnu hors
d'état de servir la République.*

A la faveur de ce congé, qui lui servait de passe-port,
M. de Pixerécourt retourna à Paris, où il arriva le 6 ven-
tôse an II, « sans place et avec fort peu d'argent. » Il
y était à peine installé, qu'en vertu d'un décret de la
Convention nationale du 27 germinal an II, on lui intima
l'ordre d'en sortir. La situation de notre compatriote
devenait extrêmement périlleuse, car en s'obstinant à
rester à Paris, il s'exposait à être arrêté, et en retournant
à Nancy, après ce qui venait de se passer, c'était marcher
à l'échafaud. Une disposition du décret de proscription,
rendu contre les ci-devant nobles, exceptait cependant
des mesures générales les peintres, les musiciens et les
artistes : ce fut cette exception qui le sauva.

Cédant à une inspiration soudaine, M. de Pixerécourt
se rendit chez le représentant Barrère, qui, ce jour-là,
donnait audience. Introduit dans le cabinet du célèbre
Conventionnel, il lui raconta naïvement ce qui l'avait
obligé à quitter Nancy, puis, invoquant le bénéfice des
dispositions du décret qui le frappait : « Il est trop tôt
» pour mourir, lui dit-il, je ne sais quoi m'assure que
» je suis encore bon à quelque chose ; je désire travailler
» et m'occuper de théâtre ; donne-moi la liberté, tu feras
» une bonne action et je t'en saurai gré. » Ces paroles,

prononcées franchement, firent sourire le tribun : il écrivit quelques mots, et envoya le jeune homme aux Tuileries, chez son collègue Carnot, lequel, à sa recommandation, lui confia un emploi dans son cabinet, à la section de la Guerre.

M. de Pixerécourt occupait cette position depuis plusieurs mois, lorsqu'un matin, en se rendant à son bureau, il fut rencontré par deux membres du Comité révolutionnaire de Nancy qui, l'ayant reconnu, l'accablèrent d'invectives et le menacèrent de le dénoncer au Comité de Salut public.

Redoutant les conséquences d'une telle dénonciation, M. de Pixerécourt s'enfuit hors de Paris. Il est difficile de dire tout ce qu'il éprouva pendant cette journée d'angoisses ; errant çà et là dans la campagne, il lui semblait toujours voir les soldats à sa poursuite. Enfin, vers neuf heures du soir, ses idées s'étant un peu calmées, il se hasarda, à la faveur de l'ombre, à revenir à son domicile, où il trouva une mise en réquisition que Carnot, instruit du danger que courait son protégé, s'était empressé d'y apporter lui-même après l'avoir inutilement cherché dans tous les lieux qu'il avait l'habitude de fréquenter. Cette mise en réquisition, entièrement écrite de la main de Carnot, était ainsi conçue :

GOUVERNEMENT RÉVOLUTIONNAIRE.

Réquisition du Comité de salut public.

Paris, le 15 floréal an II de la République
une et indivisible.

Le Comité de salut public, en vertu du décret du 27

germinal, concernant les mesures de police générale de la République, requiert le citoyen Guilbert Pixerécourt, secrétaire commis au Comité de salut public, pour être employé à continuer ses fonctions.

Les Membres du Comité de salut public,

BARRÈRE, CARNOT, COLLOT-D'HERBOIS, C.-A. PRIEUR,

L. LINDET, BILLAUD, VARENNES.

Complètement rassuré par la possession de cette pièce, qui le mettait désormais à l'abri de toutes recherches, M. de Pixerécourt reprit avec ardeur ses fonctions au ministère, et au bout d'un an, Carnot, satisfait de son zèle, le nomma sous-chef de la première division de la Guerre. A la formation du Directoire exécutif, il proposa même à notre compatriote de l'attacher à sa personne en qualité de secrétaire, mais la vie fatigante des bureaux convenait peu à ses goûts et avait altéré sa santé ; encouragé d'ailleurs par le souvenir de ses premiers succès, il recommençait à écrire pour le théâtre où il espérait réussir ; il refusa l'offre de Carnot et résilia son emploi.

Devenu libre de son temps, M. de Pixerécourt put dès lors se consacrer entièrement à ses études de prédilection, études qui, tout en lui faisant entrevoir une carrière plus digne de son rang, lui semblaient plus propres à exercer l'imagination brillante qu'il avait reçue de la nature. Il porta à différents théâtres les pièces qu'il avait en portefeuille, et il en composa de nouvelles en attendant que les premières fussent jouées ; mais malgré toute l'activité et la persévérance dont il était doué, il ne put parvenir pendant cinq ans, à obtenir la faveur d'une seule représentation. Plusieurs de ses pièces avaient été reçues, mais toujours des obstacles insurmontables étaient venus empêcher qu'elles fussent livrées au public. Notre compatriote se trouva bientôt à bout de ressources, ses espérances s'évanouirent une à une, et la misère ne tarda pas à lui faire sentir ses cruelles atteintes. Quoique profondément affecté de sa position précaire, au lieu de se livrer au désespoir, père du crime et du suicide, le malheureux dramaturge chercha dans l'emploi de ses facultés les moyens de subsister qui lui manquaient ; il se mit à la solde d'un marchand de la rue Saint-Martin, nommé Sauton, pour enluminer des éventails. Les premiers moments d'apprentissage furent pénibles, mais à force de patience et pendant dix-huit mois qu'il exerça cette obscure profession, il parvint à gagner jusqu'à douze francs par semaine ; loin de rougir de ce travail manuel qui lui donnait le pain du jour, M. de Pixerécourt s'en est généreusement félicité en tête de ses ouvrages.

Qui pourrait exprimer la joie qu'il éprouva lorsqu'on vint lui annoncer que sa comédie des *Petits Auvergnats* allait enfin être jouée ! La première représentation eut lieu, en effet, sur le théâtre de l'Ambigu-Comique, le 16 septembre 1797 ; le succès de cette pièce fut complet, et l'accueil qu'elle reçut du public récompensa, avec usure, l'auteur de sa résignation dans l'adversité et de sa courageuse persévérance dans le travail. Dès ce moment, la réputation de M. de Pixerécourt grandit de jour en jour, tous les théâtres de second ordre lui ouvrirent leurs portes et représentèrent à la fois plusieurs de ses pièces. Des 120 comédies (1) qu'il a composées pendant sa longue carrière, le nombre de celles qui ont été jouées ne s'élève pas à moins de quatre-vingt-quatre, qui ont obtenu, dans un espace de trente années, plus de trente mille représentations. Ce résultat est d'autant plus honorable pour M. de Pixerécourt, qu'il ne le dut jamais ni aux intrigues de boudoirs, ni aux cabales de coulisses, qui trop souvent font réussir des ouvrages médiocres, tandis que des œuvres infiniment supérieures ne parviennent que très-difficilement à être représentées.

On a reproché aux productions de M. de Pixerécourt d'être écrites, comme presque toutes celles de ce genre, dans un style tendu, affecté, périphrasier, maniéré dans ses tours, exagéré dans ses images, et de n'avoir rien de cette allure naïve de la nature, qui donne tant de charmes à la parole des grands maîtres. Cette appréciation est beaucoup trop sévère, et le style de ses mélodrames n'est pas aussi répréhensible qu'on le prétend. Il a ses excuses et peut-être ses avantages ; il enveloppe quelquefois la vérité d'ornements superflus, mais il ne la falsifie point ; sa forme solennelle et sentencieuse a quelque chose d'imposant qui lui donne un ascendant merveilleux sur l'esprit du vulgaire ; ses tours ambitieux et mystiques semblent commander le respect ; ses figures et ses images frappent l'imagination et se saisissent de la mémoire.

Mais s'il est quelque chose qui balance les écarts littéraires de M. de Pixerécourt, c'est assurément le sentiment

---

(1) Voy. le Tableau chronologique de ces 120 pièces, t. 1ᵉʳ du *Théâtre choisi* de M. de Pixerécourt, page XLIV et suiv.

de profonde bienséance et de haute moralité qui distingue ses productions. On peut dire, avec Charles Nodier, que, suppléant à l'absence de tout culte, à la chaire muette, elles portaient, sous une forme attrayante pour le peuple, des leçons grandes et profitables, ne faisaient naître que des émulations vertueuses, n'éveillaient que de généreuses et tendres sympathies. Dans ses mélodrames, le crime paraît avec toute sa laideur repoussante, la vertu est parée de toutes les grâces qui la font aimer, l'action de la Providence dans les affaires humaines est relevée par les circonstances les plus vraisemblables et les plus frappantes, et jamais le dénouement n'arrive sans que la vertu soit récompensée, et le crime ou le vice justement puni. Notre dramaturge avait chez les gens du peuple une telle réputation de grand justicier, qu'un témoin, appelé en Cour d'assises, déposa avoir répondu par ces mots à une proposition criminelle : « Malheureux, tu n'as » donc jamais vu représenter une pièce de Pixerécourt ! »

Quelques écrivains ont avancé, à tort, que M. de Pixerécourt avait été le créateur du genre dans lequel il s'est illustré. Non-seulement le mélodrame existait dès les premières années de la Révolution, mais le mot même était inventé, comme on peut le voir au frontispice d'une pièce de Loaisel de Tréogate, intitulée : *La Forêt périlleuse ou les Brigands de Calabre*, imprimée en 1797.

Toutefois, si M. de Pixerécourt n'a fait que suivre une voie déjà tracée, il a beaucoup contribué à en rendre l'accès plus facile ; il a doté la scène d'un grand nombre d'ouvrages intéressants, remarquables pour la clarté des expositions, par l'enchaînement si progressif et si bien ménagé des évènements, par la nouveauté si hardie des moyens, par la propriété même du style général que sa forme solennelle rend plus propre à laisser de profondes traces dans l'esprit, et qui offre partout assez de correction, de naturel et de grâces pour faire honneur à des drames d'un ordre plus élevé.

Les sujets des pièces de notre compatriote sont empruntés à l'histoire et aux chroniques, un certain nombre aux romans les plus populaires des premières années du XIXe siècle, un certain nombre encore aux productions du théâtre étranger, arrangées pour le nôtre avec autant d'habileté que de jugement; le reste relève des propres créations de l'auteur, et comme nul esprit n'était plus fertile que le sien en inventions ingénieuses et saisissantes, ce sont certainement les plus parfaites; aussi, sommes-nous loin de partager l'opinion émise par un biographe contemporain, qui affirme que de tous les ouvrages de M. de Pixerécourt, aucun n'est digne de passer à la postérité. Rien n'est plus injuste qu'un semblable jugement, car, enfin, si ces pièces avaient été dénuées du mérite qu'on leur refuse si gratuitement, comment auraient-elles joui, pendant si longtemps, d'une popularité jusque-là sans exemple? Quelques-unes ont eu deux et même trois éditions dans une seule année, d'autres ont obtenu les honneurs de la traduction, et tout récemment encore, plusieurs des œuvres de M. de Pixerécourt, représentées sur le théâtre de la Gaîté, y ont attiré, comme autrefois, une foule immense et soulevé les applaudissements du public, toujours juge en dernier ressort, en cette matière.

Malgré ses succès, ou pour mieux dire, à cause de ses succès, M. de Pixerécourt n'abandonna jamais les théâtres secondaires, où il trouva toujours, dans les artistes, une grande docilité et un talent flexible, et où il régna pendant trente ans, avec l'autorité d'un roi absolu. « *Je veux* » *vivre de mon immortalité*, » répondait-il à ceux qui lui reprochaient de ne pas écrire pour les grands théâtres, ce qui pour lui signifiait qu'il ne voulait pas être à la merci des comédiens sociétaires.

Entraîné par l'amour des lettres, M. de Pixerécourt recherchait avec une ardeur incroyable les livres rares et précieux ; le travail de bibliophile qu'il s'est imposé, n'était pas la moindre de ses occupations, mais c'en était la plus douce, et comme la récompense de ses travaux. Cette noble passion ne l'empêcha jamais de cultiver l'amitié à laquelle il s'est montré constamment fidèle, comme il l'a toujours été à l'amour de son pays ; loyal et désintéressé, il aimait la gloire et n'eut jamais que des sentiments élevés ; des connaissances acquises en avaient fait un juge éclairé que les artistes aimaient à consulter, tout en redoutant la franchise de ses décisions.

Instruit par l'expérience que dans la carrière des lettres et surtout dans celle du théâtre, les succès sont rarement durables, et que des hommes très distingués, après s'y être livrés pendant de longues années, sont restés souvent sans avenir et sans ressources dans leur vieillesse, M. de Pixerécourt voulut, pour échapper à ces exemples douloureux et malheureusement trop fréquents, avoir de bonne heure, et selon son expression, *plus d'une corde à son arc*. Il sollicita et obtint un emploi dans l'administration des Domaines. Après un surnumérariat de six années, passées sans appointements, sa persévérance fut récompensée. Honoré de la protection bienveillante de M. Duchâtel, alors directeur général, qui avait pour lui la plus grande estime, il parcourut assez rapidement toute la hiérarchie, et par une faveur toute spéciale, il fut pourvu d'une inspection à Paris. Grâce à son étonnante et prodigieuse activité, il put remplir convenablement les devoirs que cette position lui imposait, sans pour cela cesser un seul instant de s'occuper de théâtre.

En 1822, la confiance du maréchal Lauriston, ministre de la Maison du Roi, appela M. de Pixerécourt à la direction de l'Opéra-Comique, qu'il conduisit pendant quatre ans, avec un rare bonheur, et la veille même des Ordonnances de Juillet, M. de Peyronnet lui avait promis la nouvelle gérance de ce théâtre, où il avait obtenu de si beaux et si légitimes succès.

Enfin, en 1827, M. de Corbière, qui connaissait l'aptitude de notre compatriote, lui accorda pour dix années la direction du théâtre de la Gaîté. C'est sur cette scène que furent jouées les meilleures pièces de M. de Pixerécourt, et il est probable qu'elles auraient été maintenues pour longtemps encore dans le répertoire de ce théâtre, sans le malheureux incendie qui le détruisit en 1835. Le feu éclata le 21 février, vers midi, pendant la répétition d'un ouvrage nouveau intitulé : *Bijou ou l'Enfant de Paris,* qui fut reporté au théâtre du Cirque olympique ; en un instant les flammes envahirent tout et firent des progrès si rapides que, malgré la promptitude des secours, il fut impossible de rien sauver. Plusieurs procès furent la conséquence de ce sinistre, qui lui coûta la moitié de sa fortune, si péniblement amassée, et bien que M. de Pixerécourt ait été assez heureux pour triompher de ses adversaires, il n'en fut pas moins obligé de vendre sa campagne de Fontenay-sous-Bois, près Vincennes, ainsi que la magnifique bibliothèque, qu'à force de soins et de recherches, il était parvenu à former pour son usage, et dont la valeur s'est élevée à un chiffre très important.

Pourvu de beaucoup de force morale, M. de Pixeré-court, loin de se laisser abattre par ce désastre, se disposait à travailler de nouveau pour le théâtre, afin de réparer ses pertes, quand une maladie grave, compliquée de gravelle, le força d'aller prendre les eaux à Contrexé-ville où, en moins d'une heure, il fut frappé par un coup de soleil et brûlé par un bain de 35 degrés. Cet accident, joint aux attaques de goutte qui, depuis 1809, l'avaient, presque chaque année, tenu plusieurs mois cloué sur son lit, dans l'impossibilité absolue de faire usage de ses membres, le contraignit à renoncer tout à fait à ses travaux.

M. de Pixerécourt revint habiter Nancy, peu de temps après la mort de son père. En 1840, une attaque terrible d'apoplexie et de paralysie mit sa vie en péril ; néanmoins, et malgré ses douleurs et la faiblesse de sa vue, qui ne lui permettaient plus de lire ni d'écrire, cédant aux solli-citations de ses amis, il fit imprimer son *Théâtre choisi,* qu'il fut assez heureux pour terminer. — Cette édition, précédée d'une introduction de Ch. Nodier, et illustrée de notices littéraires dues à ses amis, membres de l'Aca-démie française, forme quatre volumes in-8º, contenant vingt-trois pièces en tête desquelles l'auteur a placé le compte-rendu et le jugement des journaux de l'époque (1).

En proie à des souffrances atroces qui ne lui laissaient plus un seul instant de repos, M. de Pixerécourt vit sans crainte approcher sa dernière heure, et couronna une existence honorable par un retour sincère aux pratiques de la religion qui l'avait soutenu et consolé dans l'adversité, qui l'avait inspiré dans la composition de ses ouvrages, et qui lui fit supporter avec la résignation du chrétien la maladie longue et cruelle à laquelle il succomba, le 27 juillet 1844, à l'âge de 71 ans.

M. de Pixerécourt appartenait à l'Académie de Stanislas, Société des Sciences, Lettres et Arts de Nancy, depuis le 11 janvier 1816, et par une ordonnance royale du 22 août 1824, il avait été nommé chevalier de la Légion d'honneur.

---

(1) M. de Pixerécourt a aussi publié : la 45e partie du recueil intitulé *Les Spectacles de Paris,* ou *Calendrier historique et chronologique de tous les Théâtres ;* Paris, 1804, in-12. — *Souvenirs de Paris, en 1804,* traduit de l'allemand de Kotzebue ; Paris, 1804. — *Souvenirs de voyage en Livonie, à Rome et à Naples,* traduit de l'allemand du même auteur ; Paris, 1804, 4 vol. in-12. — *Vie de Dalayrac,* etc. ; Paris, 1810, in-8°. — *Guerre aux Mélodrames !!!...* ; Paris, 1818, in-8°. — *Des faits opposés à des mensonges,* ou *Réponse à un libelle intitulé : Confidences de l'hôtel Bazancourt, par M. Pigeon ;* Paris, 1818, in-8°. — *Charles XII,* roman traduit de l'allemand ; Paris, 1822, 2 vol. in-8°. — De tous ces ouvrages, il n'y a que les traductions de Kotzebue qui portent son nom. — M. de Pixerécourt a été, en outre, éditeur des *OEuvres inédites de Florian ;* Paris, 1824, in-8°.

9 782011 780621